SAVERIO DU BESSÉ

PERCORSO GUIDATO

GUIDA DI ROMA

CON ESERCIZI ED ATTIVITÀ DI ITALIANO PER STRANIERI

Bonacci editore

Si ringraziano:

Serena Ambroso, Paola Bildesheim,
Claudia e Francesco du Bessé, Riccardo Fidenzi,
Stefano Montesi, Maurizio Ruben, Giovanna Stefancich,
Antonella Stroveglia, Francesca Terrenato, Andrea Troiani
che, a vario titolo, hanno partecipato alla realizzazione di PER**CORSO GUIDA**TO - Guida di Roma.

Progetto grafico e d.t.p.: INTERNO**ZERO**
Illustrazioni: *Donatella Bazzucchi*

Bonacci editore
Via Paolo Mercuri, 8
00193 ROMA (Italia)
tel:(++39) 06.68.30.00.04
fax:(++39) 06.68.80.63.82
e-mail: info@bonacci.it
http://www.bonacci.it

BONACCI B EDITORE

1/1 1ª ristampa della 1ª edizione

Printed in Italy

ISBN 88-7573-349-X

INDICE

INTRODUZIONE

Com'è strutturata la guida

PER**CORSO GUIDA**TO è diviso in 9 brevi capitoli, ognuno dei quali è accompagnato da esercizi (molti con chiave), da figure esplicative, da alcune curiosità legate all'argomento del testo e da qualche informazione sulla parlata romanesca. I temi dei capitoli sono quelli di una normale guida pratica: 1) il clima; 2) come arrivare; 3) i trasporti; 4) dove dormire; 5) gli itinerari; 6) la cucina; 7) dopo cena; 8) cinema, teatro e musica; 9) i mercati.

A chi è diretta

È destinata a lettori che abbiano almeno una competenza post-elementare della lingua italiana e per il suo taglio può essere tanto integrativa ad un'unità didattica e quindi utilizzata in classe, quanto valere come lettura individuale per chi vive all'estero o in Italia.

Obiettivi

Offrire alla persona che studia italiano una maggiore competenza pragmatica della lingua e di conseguenza evidenziare le risposte della nostra cultura ad alcuni aspetti del quotidiano. Inoltre, considerando che ogni capitolo presenta argomenti ed attività differenti, il testo si adatta ad esercitare via via funzioni linguistiche diverse.

Vantaggi per il lettore

Il lettore all'estero, oltre ad affrontare un'attività di lettura di un testo mi auguro piacevole, ha l'opportunità di conoscere nostri modelli culturali e fatti di costume, identificando così le diversità con quelli del suo paese d'origine.
Chi viene in Italia ha invece uno strumento in più per capire come affrontare situazioni differenti e quindi maggiori opportunità di entrare in contatto con italiani, evitando incomprensioni e avendo, forse, nel caso di chi soggiorna più a lungo, un rapido inserimento.

IL CLIMA

INVERNO: BRR... CHE FREDDO!

Nei mesi di gennaio e febbraio arriva il freddo e piove spesso.
Per le strade e nei bar i romani parlano del tempo e dicono:

"questo è un tempo da neve!"

Ma non nevica mai.
Però non dimenticate di mettere nella valigia una **giacca a vento**, meglio se con il **cappuccio**, e **scarpe** comode e resistenti, pronte ad affrontare i tipici **sampietrini romani**.

CURIOSITÀ

Il **SAMPIETRINO** è un blocchetto di pietra silicea, usato per la pavimentazione stradale. È un patrimonio artigianale che risale ai tempi delle bighe degli antichi romani. Purtroppo è usato sempre meno perché sostituito da diverse tecniche.

PRIMAVERA: ALLA GRANDE!

La temperatura aumenta sensibilmente nelle ore calde, si ha il piacere di indossare vestiti più leggeri, ma occhio agli acquazzoni improvvisi e all'umidità serale. Per questo vi consigliamo di portare un comodo **impermeabile** e magari una **sciarpa**.

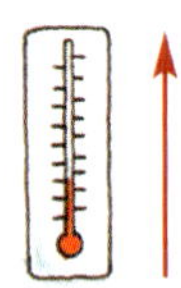

A maggio si rivedono i **cappelletti parasole**, le **gelaterie** si riempiono e si mangia la pizza anche all'aperto.

ESTATE: SPIAGGE TUTTO ESAURITO!

Nei fine settimana gli **stabilimenti balneari** fanno affari d'oro affittando **cabine**, **lettini**, **ombrelloni**, **sdraio** e noleggiando **pattini** e **pedalò**.

Per salvarvi dal gran caldo potete rifugiarvi nelle **grattachecche** e sperare nel **ponentino**. Una **maglietta**, un paio di **calzoncini** e **scarpe di tela** è tutto ciò che serve per passeggiare per le vie di Roma.

CURIOSITÀ

La **GRATTACHECCA** è una bibita fatta con tanti pezzetti di ghiaccio. Ottima quella a base di sciroppo (menta, amarena, ecc.) e superdissetanti quelle al succo di limone o al caffè. Nel quartiere Testaccio e sul Lungotevere ci sono i "grattacheccari" più famosi. Da loro il ghiaccio viene "grattato" con un tritaghiaccio speciale, tipico di Roma.

Il **PONENTINO** è il capolavoro climatico di Roma. È un vento o per meglio dire un piacevole venticello che viene dal mare e rinfresca le calde serate romane.

Passeggiando per le vie di Roma, quando la tramontana, vento freddo che viene dal nord, ti gela il viso e le mani, è possibile sentire nell'aria un odore di fumo e di brace: è l'annuncio che, svoltato l'angolo, troverete un **CALDARROSTARO**, ovverosia un venditore di castagne, una delle figure tipiche della vecchia Roma.

AUTUNNO: ODORE DI CALDARROSTE!

Di norma bellissimo, il sole è tiepido e quasi sempre presente.

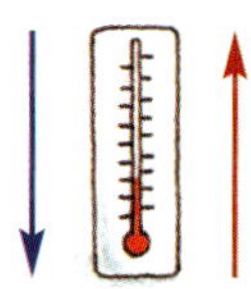

La **temperatura** sale e scende frequentemente, per cui l'unico problema, tra i rossi tramonti indimenticabili, è come vestirsi. Possono essere sufficienti una **camicia**, un **maglione** e una **giacca jeans**.

Esercizio 1

piove poco o piove molto?

Indicate con il segno ***x*** *la vostra scelta:*

	piove poco	piove molto
pioviccica	☐	☐
diluvia	☐	☐
piove a catinelle	☐	☐
fa due gocce	☐	☐
piove che Dio la manda	☐	☐

Esercizio 2

non solo ponentino (espressioni con la parola *vento*)

Qual è il significato letterale delle espressioni in corsivo?

1) È stata un'occasione *gettata al vento*

È stata un'occasione:

☐ mancata ☐ sfruttata ☐ dimenticata

2) Mi sembra di *parlare al vento*

Mi sembra di parlare:

☐ troppo forte ☐ troppo piano ☐ inutilmente

3) Lo voglio gridare *ai quattro venti*

Lo voglio dire:

☐ in televisione ☐ a tutti ☐ solo alla mia famiglia

Esercizio 3

oggi come mi vesto?

Cosa mettere nella valigia? Dipende dal periodo.

Secondo voi le situazioni descritte rientrano nella norma?

	sì	no
1) Il giorno di Ferragosto Patrizia indossava una pelliccia.	☐	☐
2) A Capodanno Donatella è uscita con un bel cappotto.	☐	☐
3) In inverno Maurizio esce sempre in maniche di camicia.	☐	☐
4) A Natale Antonella ha fatto una passeggiata in maglietta.	☐	☐
5) Il giorno della befana Riccardo si è messo un maglione.	☐	☐

Esercizio 4

che tempo fa? fa caldo o fa freddo?

*Indicate con il segno **x** la vostra scelta:*

	fa caldo	**fa freddo**
c'è un sole che spacca le pietre	☐	☐
fa un freddo cane	☐	☐
c'è un tempo da lupi	☐	☐
si schiatta di caldo	☐	☐
fa un caldo boia	☐	☐

Esercizio 5

non solo tempo brutto o tempo bello

(espressioni con la parola *tempo*)

Nei mini-dialoghi che seguono collegate correttamente la battuta di **A** con le repliche di **B**

A

1) Non vedo l'ora di finire.
2) Ma come, ti fermi così poco?
3) Il treno parte fra due ore.
4) Oggi devo consegnare un lavoro, ma non ho ancora finito.
5) Sono stanco, continuiamo domani.

B

1) E adesso che facciamo per ingannare il tempo?
2) Calma, dai tempo al tempo.
3) Ma dai, non perdiamo tempo, finiamo adesso!
4) Si, scusa, oggi ho il tempo contato.
5) Trova un modo per guadagnare tempo.

A:	1	2	3	4	5
B:	☐	☐	☐	☐	☐

COME ARRIVARE

IN AEREO

Il principale aeroporto di Roma si chiama **"Leonardo da Vinci"** e si trova a Fiumicino, a 30 chilometri dal centro della città.
Se volete risparmiare, rinunciando al taxi, a Roma vi conviene andare *"cor trenino"*.

Ci sono due treni che portano a Roma: il primo arriva alla **Stazione Termini** in trenta minuti senza fare nessuna fermata. Il secondo fa un diverso percorso e si ferma varie volte: con venticinque minuti si arriva a **Ostiense** e con quaranta a **Tiburtina**.
L'altro aeroporto di Roma si trova a **Ciampino**, a 15 chilometri dalla città. Per chi non prende il taxi c'è il bus navetta che porta alla fermata della **metro Anagnina** e da lì ormai è fatta, ancora un quarto d'ora e siete nel cuore di Roma.

CURIOSITÀ

ROMANESCO In romanesco la **"r"** prende il posto della **"l"**: alfabeto>arfabeto, alba>arba, soldo>sordo. Questo si verifica anche quando una parola termina in **"l"** ed è seguita da un'altra parola che inizia per consonante. Anche per questo motivo l'articolo italiano **"il"** diventa **"er"**: er cane, er gatto, er libro. La stessa regola seguono le preposizioni: col treno>cor treno, nel frigo>ner frigo, ecc. La **"l"** non cambia in **"r"** quando si trova tra due vocali (speciale) o come iniziale di parola (libero).

Esercizio

Avete deciso di andare a Roma in aereo.

Ricostruite il vostro viaggio mettendo nel giusto ordine le fasi che seguono:

1) ritirare il bagaglio
2) l'aereo atterra
3) passare al controllo passaporti (partenze)
4) mettere le cinture di sicurezza
5) l'aereo decolla
6) fare il check in e lasciare il bagaglio
7) entrare in aeroporto
8) uscire dall'aeroporto
9) imbarcarsi
10) passare al controllo passaporti (arrivi)

1)..

2)..

3)..

4)..

5)..

6)..

7)..

8)..

9)..

10)..

IN TRENO

Siete scesi alla stazione più importante di Roma, la **Stazione Termini**: benarrivati!
Qui potete trovare tutto quello che volete: libri, giornali, sigarette e negozi di ogni genere.
Attenzione però a non dare ascolto a chi vi offre una corsa in taxi o una camera d'albergo, rischiate di pagare cifre da capogiro.
Uscite dalla Stazione Termini... ora siete a **Piazza dei Cinquecento**.
Guardate bene, a destra c'è il parcheggio dei taxi, a sinistra il punto informazioni per sapere tutto sui trasporti e in fondo ci sono i capolinea degli autobus. Da Piazza dei Cinquecento si raggiunge facilmente qualsiasi zona della città: **Roma è vostra**, ormai non vi ferma più nessuno... a parte il traffico.

Esercizio

cosa vuol dire? *Sottolineate la risposta corretta, scegliendo tra le due alternative proposte:*

1) cosa vuol dire **"binario"**?
viaggio di gruppo   rotaie su cui corrono i treni

2) cosa vuol dire **"carrozza"**?
vagone   viaggio in piedi

3) cosa vuol dire **"cuccetta"**?
biglietto scontato   letto di treno o nave

4) cosa vuol dire **"scompartimento"**?
ambiente dove ci sono poltrone o cuccette   treno locale

5) cosa vuol dire **"pendolino"**?
treno molto veloce   treno riservato ai pendolari

IN AUTO

Tutte le strade portano a Roma?

In realtà no! Però è vero che tutte le strade che portano a Roma portano al **G.R.A.**.
Il **Grande Raccordo Anulare** è una strada che circonda Roma e collega le strade che partono dalla città. Attenzione: lasciate il raccordo alla vostra **uscita** e preparatevi al caotico traffico della capitale. Ricordatevi che in molte zone di Roma nei giorni feriali si paga il parcheggio. Molti romani di giorno si spostano in **motorino** e usano la macchina soprattutto per uscire la sera o per andare **fuori Roma**.

CURIOSITÀ

Le **strade consolari** sono le strade che arrivano a Roma seguendo il tracciato delle strade costruite dagli **antichi romani**. Si chiamano: **Aurelia**, **Cassia**, **Flaminia**, **Salaria**, **Tiburtina**, **Prenestina**, **Casilina**, **Tuscolana** e **Appia**.

Esercizio

gioco del vocabolario

"… maxi esodo per il ponte del 25 aprile. Code sul raccordo e fila chilometrica sulla Cassia a causa di un tamponamento a catena".

Scegliete la definizione tra le alternative date:

esodo

a) filosofo greco **b)** commedia italiana **c)** partenza di molte persone.

ponte

a) periodo di vacanza di uno o più giorni feriali fra due festività

b) gioco di società **c)** esistente solo nel pensiero.

25 aprile

a) festa della liberazione **b)** festa del papà **c)** un giorno come un altro.

coda / fila

a) simboli della burocrazia **b)** pic-nic, merende all'aperto

c) serie di persone o cose messe una dietro l'altra.

tamponamento a catena

a) grande pranzo **b)** incidente stradale, scontro fra più auto

c) gruppo heavy metal.

TRASPORTI PUBBLICI

"Su autobus e metro il personale offre cappuccini e cornetti la mattina e aperitivi all'ora di pranzo... "

Purtroppo non è così, ma i **mezzi pubblici** non sono male. È comunque necessario avere molta pazienza e cercare di evitare le **ore di punta**.
A Roma ci sono **2 linee** della **metro** (A e B), **10 linee** di **ferrovia metropolitana** e più di **200 linee** tra **autobus e tram**.

COSA VUOL DIRE METREBUS:

Metrebus è il biglietto per muoversi sull'intera rete del trasporto pubblico, si può utilizzare in **me**tro, in **tre**no e in auto**bus**.
I biglietti si acquistano nelle **stazioni** della **metro**, ai capolinea degli **autobus**, dai **tabaccai**, nei **bar** e nelle **edicole** dove c'è la scritta **metrebus**. Sono di due tipi:
BIT (biglietto integrato a tempo):
valido per 75 minuti.
BIG (biglietto integrato giornaliero):
valido nel giorno in cui lo timbrate.
È possibile acquistare abbonamenti validi una settimana, un mese o un anno.
Non sono ammessi **"portoghesi"**.
Quindi, ricordate di comprare il biglietto e di timbrarlo, eviterete di pagare delle forti multe.

RETE URBANA METROPOLITANA E FERROVIARIA

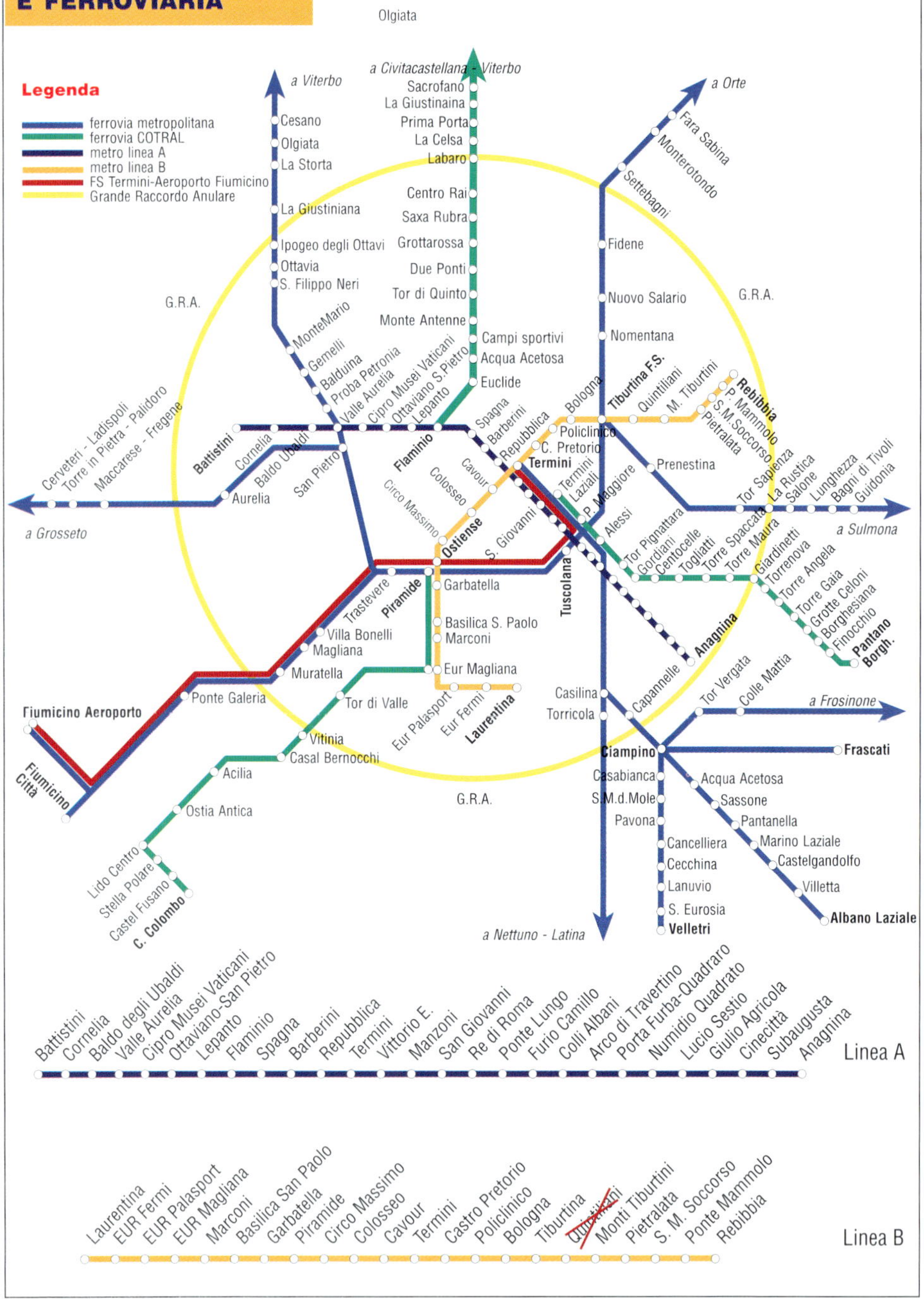

Esercizio 1

Rispondete alle domande:

1) Su quale mezzo di trasporto pubblico si possono utilizzare i biglietti e gli abbonamenti?

....

2) E dove si possono comprare?

....

3) L'abbonamento per una settimana si chiama settimanale, come si chiamano gli abbonamenti per un mese e per un anno?

....

Esercizio 2

Riempite gli spazi vuoti con la preposizione corretta:

L'orario della metro è 5,30 23,30
e quello .... autobus .... 5,30 .... mezzanotte
.... nottambuli farà piacere sapere che gli autobus notturni funzionano .... 00,10 .... 5,30.
.... Piazza dei Cinquecento ogni giorno .... 14,30 parte per il circuito turistico l'autobus 110. Il giro dura tre ore.

CURIOSITÀ

In italiano la frase **"fare i portoghesi"** vuol dire usufruire di un servizio senza pagarlo. L'espressione sembra risalire al XVIII secolo quando l'ambasciata portoghese, per festeggiare un avvenimento, organizzò uno spettacolo al Teatro Argentina. Per entrare gratuitamente alla manifestazione bastava recarsi al botteghino del teatro e dichiararsi portoghesi. Insomma, pare che molti romani approfittarono di una così bella occasione.

Esercizio 3

cosa c'è scritto?

Leggete i seguenti avvisi pubblici e riscriveteli in modo più semplice:

prima di salire in vettura è obbligatorio munirsi di biglietto.

....

....

....

....

controllare l'avvenuta timbratura del biglietto, dopo averlo inserito nell'apposita macchina obliteratrice.

....

....

....

....

per fruire delle agevolazioni economiche sui servizi di trasporto urbano è necessario esibire un certificato di nascita.

....

....

....

....

DOVE DORMIRE

Roma ha una grande **tradizione** in campo turistico. La sua accoglienza offre una rete di servizi per tutti i gusti e tutte le tasche.
Dai **campeggi** agli **alberghi** a 5 stelle, a Roma ci sono più di **mille strutture** pronte ad ospitarvi, ma è una buona idea **prenotare in anticipo**, soprattutto durante le feste di **Natale** o di **Pasqua**.

CAMPEGGI

A chi viaggia in **roulotte**, **camper** o **tenda** e ama il verde e l'aria aperta, segnaliamo i **campeggi** più vicini alla città. A questi avventurosi visitatori **consigliamo di telefonare** per avere maggiori informazioni soprattutto sui collegamenti con la città.

Flaminio:
Via Flaminia Nuova, 821 tel. 063332604

Roma Camping:
Via Aurelia, 831 tel. 066623018

OSTELLI

Siete arrivati da poco e volete conoscere altre persone? Allora **l'ostello** fa al caso vostro. **Prezzi** da **tasche normali**, un buon servizio e tanta gente. Chi arriva e chi parte. Amicizie che durano qualche giorno e altre per sempre. Un'esperienza come poche, piacevole e divertente, sicuramente da provare.

Ostello della Gioventù:
V.le delle Olimpiadi, 61 tel.063236279

YWCA:
Via Cesare Balbo, 4 tel. 064883917

AFFITTACAMERE, B&B E AGRITURISMI

Abitare in una **stanza** nel cuore di Roma, in un posticino tranquillo che sembra fatto apposta per voi, può essere indimenticabile. Per trovare una camera così, potete rivolgervi all'**APT**, Azienda di Promozione Turistica di Roma, in Via Parigi 5 (metro Repubblica), tel. 06488991. Lì vi daranno un **elenco completo**, non solo con i nomi e i numeri telefonici dei tanti **affittacamere**, ma anche con quello dei numerosi **b&b, b**ed and **b**reakfast.
Sempre all'APT verrà accontentato anche chi vuole soggiornare fuori porta, magari in uno dei begli agriturismi sparsi per la campagna romana. Infatti la stessa pubblicazione dedica uno spazio all'elenco degli alloggi che offrono la possibilità di un soggiorno a Roma, caratterizzato dalla piacevolezza di una vacanza campagnola immersa nel verde, fra saporite mangiate e grandi bevute. Si può scegliere di stare vicino ai monti, ai laghi o al mare e poi quando si ha voglia raggiungere in breve tempo la dolce vita romana.

ATTENZIONE

NEL CASO I NUMERI TELEFONICI NON DOVESSERO CORRISPONDERE A QUELLI SEGNALATI, VI CONSIGLIAMO DI CONSULTARE, SE VI È POSSIBILE, L'ELENCO TELEFONICO DI ROMA O DI TELEFONARE AL "**412**".

TEST

scoprite il vostro itinerario per una vacanza a due

Scegliete la risposta ***A****,* ***B*** *o* ***C*** *per ognuno dei tre quesiti, poi controllate se avete risposto con più* ***A****, più* ***B*** *o più* ***C****. A ciascun risultato corrisponde un itinerario adeguato alla vostra idea di vacanza a due. Chi non risponde più volte con la stessa lettera avrà comunque un itinerario da percorrere:*

Siete in una comoda stanza d'albergo ad una o a due stelle. Avete scelto una doppia con bagno in camera e colazione inclusa nel prezzo. Il servizio è familiare e discreto… L'ambiente caldo e accogliente… Siete lì perché:

A) È la vostra luna di miele (viaggio di nozze)

B) È San Valentino (festa degli innamorati, 14 febbraio)

C) Per passare una notte con l'amante

Siete in un albergo del centro storico, un tre stelle dal servizio ottimo. Avete scelto una camera con vista e volete la colazione a letto. Al mattino il vostro / la vostra partner vi chiede come avete dormito, voi rispondete:

A) Come un angioletto (dormire serenamente)

B) Come un sasso (dormire pesantemente)

C) Non ho chiuso occhio (non aver dormito)

Una notte di follia a Roma? Allora dovete scegliere un 4 o 5 stelle e qui per voi ci sarà un'attenzione particolare nella più assoluta riservatezza. Spumante nel frigo-bar e cornetti caldi serviti in guanti bianchi al mattino… Cosa fate prima di lasciare la stanza?

A) Rubate gli asciugamani per ricordo

B) Fate arrivare una dozzina di rose rosse per il vostro / la vostra partner

C) Recuperate la biancheria intima finita sul lampadario

MAGGIORANZA DI A: ITINERARIO "DUE CUORI E UNA CAPANNA"

Per voi superinnamorati un itinerario da fare tutto mano nella mano tra carezze e baci all'ora del tramonto: da **Piazza Farnese** andate verso **Via Giulia**, poi attraversate il **Tevere** a **Ponte Sisto**. A sinistra c'è l'**Isola Tiberina** e a destra la Cupola di **San Pietro**. Obbligatoria la sosta sul ponte perché qui perderete la testa un po' per l'amore, un po' per l'azzurro del cielo, un po' per il rosso del tramonto, un po' per il biondo Tevere. Recuperate le energie e proseguite fino a **Piazza Trilussa**: siete a **Trastevere**.
Da qui, guardando la fontana, prendete la strada a destra e arrivate a **Piazza della Malva**.
Ora avete due alternative:
1) Se siete grandi camminatori, continuate dritto e fate tutta la **Salita del Gianicolo**. Il panorama vale la fatica. **2)** Fatevi un giretto tra le viuzze di Trastevere e fermatevi a prendere un buon vinello in qualche localino intimo.

CURIOSITÀ

Trilussa (1871- 1950) era uno scrittore conosciuto soprattutto per la sua poesia ironica contro la morale borghese. Trilussa è l'anagramma del suo cognome: **Salustri**. Il suo nome era **Carlo Alberto**.

Trastevere vuol dire "**al di là del Tevere**". In passato Roma si sviluppava su una sola sponda del fiume. Sull'altro lato c'era solo Trastevere.

Esercizio

Riscrivete la seconda alternativa senza utilizzare i diminutivi:

Fatevi un .... tra le .... di Trastevere e fermatevi a prendere un buon .... in qualche .... intimo.

Abituatevi ai **diminutivi** e ai **vezzeggiativi**, si usano spesso nel linguaggio colloquiale, figurarsi tra due innamorati.
Ecco alcuni esempi da sperimentare nell'itinerario:

Tesoro > tesorino o tesoruccio
amore > amoruccio

potete usare anche la parola orsacchiotto, ma non orso che indica una persona poco socievole.

MAGGIORANZA DI B: ITINERARIO "DA BRIVIDO"

A voi amanti delle emozioni forti consigliamo un **itinerario scenografico**: sono le 10,00 e siete a **Piazzale Napoleone I**, al **Pincio**. Avvicinatevi alla balaustra e affacciatevi. Non potrete credere ai vostri occhi: davanti a voi **Piazza del Popolo** e una meravigliosa vista su Roma.

La luce del sole nelle ore del mattino dipinge di rosso i muri delle case, fa luccicare le foglie degli alberi e brillare i vetri delle finestre. Ecco rimanete così, a bocca aperta, in silenzio. Lasciate parlare il profumo dei fiori delle aiuole di **Villa Borghese**, proprio alle vostre spalle. E quando arriva il momento giusto iniziate la vostra passeggiata. Dando le spalle al panorama, andate a destra, prendete **Via Mickiewicz** , proseguite dritto e percorrete **Viale Trinità dei Monti**, costeggiate **Villa Medici** e preparatevi ad una bellissima scenografia: la scalinata di Trinità dei Monti, in basso **Piazza di Spagna** e sullo sfondo **Via Condotti**. Sedetevi sugli scalini, guardatevi intorno e ascoltate, qui si parlano tutte le lingue del mondo.

Alzatevi, ora potete scegliere tra due proposte:

1) Guardare le vetrine e fare shopping, andando a spasso per **Via Margutta**, **Via del Babuino**, **Via del Corso**, **Via Frattina** e per tutte le altre strade eleganti e famose della zona.

2) Andare a **Fontana di Trevi**.

Esercizio

Attenzione, scrivete voi il percorso:

....

....

....

....

....

....

MAGGIORANZA DI C: ITINERARIO "CUORI, GAMBE E BUGIE"

Siete sinceri uno con l'altra? Andate a **Piazza della Bocca della Verità** e vi toglierete ogni dubbio! Chi non avrà tagliata una mano dalla **Bocca della Verità** può iniziare serenamente la sua passeggiata percorrendo in salita lo zigzagante **Clivo Rocca Savella**. Una volta arrivati in cima, girate a destra per **Via di Santa Sabina** e giunti a **Piazza Pietro d'Illiria** entrate nel suggestivo **Parco Savello**, conosciuto come "**Giardino degli Aranci**". Un altro straordinario panorama con il fiume che scorre pigro in primo piano e, al di là del Tevere, **Porta Portese** e **Trastevere**. Quando volete, con calma, uscite dal giardino e andate dritto fino a **Piazza Cavalieri di Malta**. Qui c'è il buco della serratura più famoso di Roma, famoso perché se ci guardate attraverso vedrete la **Cupola di San Pietro**.

Esercizio

Rispondete alle domande:

1) Clivo Rocca Savella la dovete percorrere in discesa o in salita?

....

2) Questa strada è dritta o ci sono curve?

....

3) Una volta arrivati all'incrocio con Via S. Sabina, girate a destra o a sinistra?

....

4) Per arrivare a Piazza Cavalieri di Malta, tornate indietro e voltate a destra o andate sempre dritto?

....

CURIOSITÀ

LA BOCCA DELLA VERITÀ

Sotto il portico di **S. Maria in Cosmedin** si trova un'antica ruota di marmo raffigurante la testa di un tritone con la bocca aperta. Nel Medioevo i presunti bugiardi dovevano mettere la mano nella bocca del mostro e ripetere le affermazioni sospette. Nei casi più difficili i giudici del tribunale aiutavano l'indeciso tritone. Dietro la ruota c'era qualcuno con una spada tagliente che interveniva quando il giudizio era già stabilito contro il presunto colpevole di falso.

NESSUNA MAGGIORANZA: ITINERARI "BICICLETTA E PENNICHELLA" (SONNELLINO POMERIDIANO / SIESTA)

La parola **programma** a voi fa ridere… Volete un po' questo, un po' quello… Oggi siete qui, domani là… Prima volete andare a piedi, poi non vi va di camminare… L'altro ieri volevate andare in montagna, ieri in campagna e oggi non sapete se andare al mare o restare in città. A voi consigliamo **due itinerari domenicali**. Potrete andare in metro, in bicicletta o a piedi, scegliere il mare, la pineta o un posto molto verde della città… Fate come vi gira, **ma riempite gli spazi vuoti**:

1) Ogni domenica **l'Appia Antica** è chiusa …….. traffico ed è possibile passeggiare ……. piedi o ….. bicicletta ……. una affascinante zona archeologica. Chi non ha la bici, può noleggiarla e farsi una storica pedalata.

2) Andate…….. mare…….. metro portando …….. voi una bicicletta. Arrivate…….. **stazione Magliana**, lì cambiate e prendete la linea **Roma-Lido di Ostia**. Un giro …….. lungomare, seguito…….. pic-nic e pennichella, fa parte….. più autentico costume romano.

CURIOSITÀ

La tradizione vuole che, mentre fuggiva da Roma e percorreva **l'Appia** per raggiungere il mare e tornarsene in Oriente, a **San Pietro** apparve **Gesù**. **San Pietro** gli domandò: **"Quo vadis Domine?** (Dove vai Signore?) **Gesù** rispose: **"Eo Romam iterum crucifigi"** (Vado a Roma per essere crocifisso di nuovo). **San Pietro** capì il rimprovero e tornò a Roma ad affrontare il martirio. Nella chiesa di **San Sebastiano** è conservata una pietra con due impronte di piedi, ritenute quelle di **Gesù** al momento di questo incontro.

Un tratto dell'Appia Antica *Fotografia di Claudio Corrivetti*

DOVE MANGIARE

AL BAR

Sotto casa c'è il **bar**. Luogo di ristoro e non solo. Al **bar** si fa **colazione** con i classici **cappuccino** e **cornetto**.
Chi ha fretta può pranzare prendendo un **tramezzino** o una **pizzetta** e, cosa più importante, qui si consuma il rito settimanale della **schedina**.
Il **"bravo barista"** deve ascoltare qualsiasi argomento e preparare un buon **caffè** nelle sue molte versioni.

Esercizio 1

"come lo prendi il caffè?"

*Trovate il corrispondente di ogni espressione della colonna **A** tra le espressioni della colonna **B**:*

A	B
macchiato caldo	con liquore
ristretto	preparato con molta acqua
corretto	senza caffeina
decaffeinato	nel bicchiere
macchiato freddo	con un po' di latte caldo
lungo	preparato con poca acqua
al vetro	con un po' di latte freddo

Esercizio 2

non solo cornetti!

Ci sono molte alternative al cornetto. Tra le paste dolci in elenco una è salata, scoprite quale.

1) bomba

2) ciambella

3) danese

4) fagottino

5) maritozzo

6) girella

7) veneziana

8) rustico

CURIOSITÀ

IL TRAMEZZINO

Il **tramezzino** è il re del pranzo **mordi e fuggi**. È un panino di forma triangolare preparato con due fette di pane bianco. Ottimi quelli semplici con prosciutto e formaggio, mozzarella e pomodoro o tonno e pomodoro. Poi ci sono quelli più elaborati, per tutti i gusti.

LA SCHEDINA

Lo sapevate? Totocalcio e Superenalotto si giocano con una piccola scheda di carta, su cui il giocatore scrive dei numeri. Nel caso del Totocalcio i numeri indicano i risultati previsti dal giocatore per le partite di calcio della settimana. Nel caso del Superenalotto si giocano invece semplici combinazioni di numeri. Spesso bar e tabaccai sono anche ricevitorie (posti in cui si possono giocare le schedine). Tentando la sorte, cioè giocando, si possono vincere anche grandi somme!

STRADA CHE VAI...
PIZZA A TAGLIO CHE TROVI

"Cultori" della pizza non temete, a Roma la vostra pancia e la vostra gola rimarranno **"soddisfatte"**. Nella città eterna esistono dei luoghi di **"vizio"** e di **"piacere"**: le pizzerie a taglio. In queste **"isole felici"** potete comprare quanta pizza volete, dalla **"classica"** napoletana, alla **"intramontabile"** con patate, fino alle più **"fantasiose"** con verdure, salsiccia, gamberetti... insomma ce n'è per tutti i gusti.
Attenzione: le pizzerie a taglio sono **"a portar via"**, si compra la pizza e si mangia subito o con calma, quando volete.
Comunque non seduti come al ristorante.

Esercizio 1

Scegliete tra le parole in elenco quelle più adatte a sostituire nel testo i termini: "cultori", "soddisfatte", "vizio", "piacere", "isole felici", "classica", "intramontabile", "fantasiose":

1) Oasi < ....

2) Tradizionale < ....

3) Sollazzo < ....

4) Amanti < ....

5) Perdizione < ....

6) Deliziate < ....

7) Ricche di immaginazione < ....

8) Eterna < ....

PIZZERIE

In tutte le zone di Roma le **pizzerie** non deludono.
Dal **Centro Storico** alla **periferia** l'ambiente delle pizzerie è spesso accogliente e gradevole, l'atmosfera **"caciarona"** e spensierata, il servizio alla buona e cordiale e la spesa quasi sempre contenuta. Però andare in pizzeria a **"San Lorenzo"** potrebbe essere una buona scusa per visitare una zona particolare. Passeggiando per le strade di questo quartiere, che si trova tra la **Stazione Termini** e **Piazzale del Verano**, si ha la sensazione di essere in un piccolo paese.
Tra **Via degli Equi**, **Via dei Sabelli** e **Via dei Volsci** ci sono un gran numero di pizzerie dove fa da padrona la pizza alla **"romana"**.

e... buon appetito!

Calzone e filetti di baccalà

Pizza con le zucchine
Pizza con i gamberetti
Pizza con il pomodoro

Supplì e crocchette di patate

Esercizio 2

Per formare i contrari delle parole in elenco si usano i prefissi in-, dis- *e* s-. *Riempite gli spazi vuoti con il prefisso corretto.*

1) Gradevole (........)
2) Cortese (........)
3) Felice (........)
4) Piacevole (........)
5) Garbato (........)
6) Gustoso (........)
7) Ospitale (........)
8) Attento (........)
9) Piacere (........)
10) Soddisfatto (........)

Come la preferite la pizza: nella versione **"romana"**, bassa e croccante o in quella **"napoletana"**, alta e morbida? Questione di gusti. Però ricordatevi di assaggiare **supplì**, **bruschette** e **filetti di baccalà** che "precedono" la pizza, delle vere **leccornie** (leccornie? Cose buone da mangiare). E da bere? **Birra alla spina** (a pressione).
Come? **Chiara**, **rossa** o **scura**.
Quanta? **Piccola**, **media** o **grande**.

CURIOSITÀ

I SUPPLÌ

I supplì sono **polpette di riso**. Nella preparazione tradizionale ci sono molti ingredienti. Normalmente, però, li trovate **"al telefono"**, vale a dire semplici, con pomodoro e mozzarella. Serviti caldi sono ottimi, al primo morso, avrete un "filo" di mozzarella che unisce il resto del supplì alla vostra bocca: un "telefono" buonissimo.

Esercizio 3

"un po' di immaginazione

Con il cameriere potrebbe andare così:
(A volte i saluti sono sostituiti da un sorriso o da un gesto, il dialogo è subito informale).

Cameriere (mentre pulisce il tavolo):
"Intanto vi porto bruschette e supplì, va bene?"
Voi:
" Sì, però portaci anche da bere."
Cameriere:
"medie chiare per tutti?"
Uno di voi:
"No, per me una piccola scura.
Cameriere:
"E le pizze?

Immaginate il seguito...

CURIOSITÀ

LA BRUSCHETTA

Tagliate il pane a fette e fatelo abbrustolire.
Dopo strofinate le fette di pane con l'aglio e conditele con sale, pepe e un po' d'olio d'oliva. Chi vuole può aggiungere dei pezzettini di pomodoro.

Ingredienti:
pane casareccio
2 spicchi d'aglio
olio d'oliva
sale e pepe

LA PIZZA MARGHERITA

Nel 1889, durante un soggiorno a Napoli, il re **Umberto I di Savoia** e la regina **Margherita** espressero il desiderio di cenare con una pizza. Fu incaricato **Raffaele Esposito** gestore della pizzeria **"Pietro"**. Raffaele e sua moglie **Rosina** presentarono ai sovrani tre tipi di pizza: **bianca**, **marinara** (pomodoro, acciughe, aglio ed olio d'oliva) e alla **mozzarella**, preparata con pomodoro, mozzarella ed olio d'oliva. **Rosina**, in un momento di patriottismo, aggiunse il **basilico**, dando alla pizza alla mozzarella i tre colori della bandiera italiana. La regina, entusiasta per la bontà di questa pizza, scrisse una lettera di compiacimento al pizzaiolo, il quale da allora la denominò **"pizza Margherita"**, in onore della regina. Il nome fu adottato in breve tempo da tutti i pizzaioli italiani.

VA AL RISTORANTE

chi vuole un **locale curato**, un servizio di qualità e un **menù** con molte scelte. Pesce fresco e vino pregiato fanno salire il prezzo del pasto.

VA IN TRATTORIA

chi vuole un locale con **cucina casalinga**, un servizio **meno formale** e a volte una scelta limitata al piatto del giorno. Vino della casa servito in caraffa.

ALLA RICERCA DELL'OSTERIA PERDUTA

Nel **Basso Medioevo** e nel **Rinascimento** la taverna era il luogo dove si beveva vino. Però, cambiando i tempi e le abitudini, le taverne non erano più adatte alle nuove esigenze.
Era necessario, perciò, trovare spazi per ospitare i tanti pellegrini. Ecco quindi nascere **l'osteria**, un luogo amico dove mangiare, bere e passare la notte (dal latino **"hospes"**, luogo ospitale, rifugio). In seguito le osterie sono cambiate ancora e oggi è difficile trovarne una dove si **giochi a carte**, si beva vino e si mangi alla romana. Chi è interessato a ritrovare antichi sapori può iniziare la sua ricerca dalla **Garbatella**, uno dei più popolati quartieri di Roma.
Il nome del quartiere si deve ad una **"ostessa"**, così bella e garbata con i suoi clienti da vendere oltre al vino anche il suo amore. Cercate la vostra osteria all'ora di pranzo e visitate questo bel quartiere, nato tra il **1920** e il **1934**.

LA CUCINA ROMANA DALLA A ALLA Z

Alcune informazioni sulla cucina romana vi aiuteranno al momento delle ordinazioni.

Abbacchio: *agnello giovane*

Amatriciana: *sugo a base di guanciale (la guancia del maiale), olio d'oliva, cipolla, peperoncino e pomodoro. Si usa normalmente come condimento per la pasta insieme al pecorino.*

A scottadito: *metodo di cottura alla brace delle costolette d'abbacchio.*

Bucatini: *tipo di pasta lunga, un po' più grossa degli spaghetti, ma bucata al centro.*

Cacio: *formaggio di pecora.*

Coda alla vaccinara: *piatto tipico della cucina romana a base di coda di bovino, aglio, sedano, carota, cipolla, olio d'oliva, prezzemolo, vino, sale e pepe. Ricetta complicata, consigliata solo ai cuochi più bravi.*

Carciofi alla giudia: *questo piatto è un pezzo forte della cucina romana. Si tratta dei carciofi chiamati "cimaroli", fritti interi in un grosso tegame, in modo che anche le foglie diventino croccanti.*

Filetti di baccalà: *la ricetta che ha come protagonisti i filetti di baccalà è molto antica ed è tipica della zona di Roma tra Portico d'Ottavia e Campo de' Fiori. I filetti vengono infarinati e fritti nell'olio bollente. Risultato: una vera delizia.*

Frappe: *dolci tipici del carnevale; sono fritte e ricoperte di zucchero, a Firenze le chiamano "cenci" e in Veneto "galani".*

Maritozzi con la panna: *paste dolci simili ai cornetti, ma ripieni di panna.*

Pajata: *intestino del vitello o del manzo, contiene una specie di crema dal sapore particolare, si usa anche per condire la pasta, come rigatoni o maccheroni.*

Pecorino: *formaggio di pecora molto saporito.*

Puntarelle: *germogli di cicoria. Sono alla base di una tipica insalata condita con olio, aceto, acciughe e aglio.*

Saltimbocca alla romana: *fettine di vitello, preparate con prosciutto e salvia.*

Trippa alla romana: *stomaco di bovino, tagliato e cotto a lungo con pomodoro, vino bianco e vari aromi.*

Zucchine ripiene: *carne di manzo, uova, pane, pomodoro, olio d'oliva, formaggio, sale e pepe sono gli ingredienti per farcire le zucchine. Un piatto da mangiare caldo o freddo.*

CURIOSITÀ

ROMANESCO

In romanesco il suono dell'italiano **"gli"** diventa **"j"**: pagliata>pajata, medaglia>medaja, famiglia>famija. Il poeta romano **Giuseppe Gioachino Belli** (1791 – 1863) usava nei suoi componimenti **"jj"**(famijja) per sottolineare le caratteristiche di questo suono e per differenziarlo dal suono **"j"**, con cui indicava il corrispondente suono dell'italiano **"li + vocale"** (cavaliere>cavajere).

L'infallibile ricetta di Claudia

Spaghetti ajo, ojo e peperoncino,
vale a dire aglio, olio e peperoncino
(guardare la curiosità a pagina 39)

"Ecco quanti e quali ingredienti servono per quattro persone:

4 etti di spaghetti,
3 spicchi d'aglio,
6 cucchiai d'olio d'oliva,
un po' di peperoncino fresco
e del sale grosso."

"Avete messo l'acqua a bollire e aggiunto un pugno di sale. Quando l'acqua bolle buttate gli spaghetti"

"Mentre gli spaghetti cuociono preparate il soffritto, mettendo nella padella prima l'olio, poi l'aglio e per ultimo il peperoncino"

"Assaggiate gli spaghetti, quando sono cotti al dente, scolateli"

"Ora ripassate gli spaghetti in padella per condirli come si deve"

"Questo è il risultato! Mangiateli caldi, insieme agli amici e ad un buon vinello"

DOPO CENA...

Quanti romani rimangono a casa, infilano le pantofole e accendono la tv? E quanti fanno due chiacchiere con gli amici in birreria?
E poi a quanti piace ballare fino all'alba in discoteca? E dove sono i locali più frequentati, al centro o in periferia? E ancora, chi va in questo o in quel quartiere?
Se vi interessa sapere come vivono **"quelli della notte"**, non dovete far altro che leggere il **sondaggio** che la vostra **Guida di Roma** ha curato per farvi conoscere come i romani passano le loro serate.

Sondaggio

Abbiamo chiesto a cento persone di diversa età con quale media mensile frequentano i locali di Roma, rimangono a casa o passano le loro serate facendo altre cose e così hanno risposto:

sotto i 25 anni	tra i 25 e i 35 anni	oltre i 35 anni
Quante volte al mese vai nei locali dove si ascolta musica dal vivo?		
4	8	4
Quante volte al mese vai in discoteca?		
6	4	2
Quante volte al mese vai nei locali per bere qualcosa con gli amici?		
4	2	2
Quante volte al mese rimani a casa?		
10	7	14
Quante volte al mese fai altre cose?		
6	9	8

MUSICA DAL VIVO

La maggior parte degli intervistati preferisce l'atmosfera e le **dolci note** dei locali con **musica dal vivo** alle valanghe di decibel delle discoteche. Oltre al **concerto**, sono le **chiacchiere** con gli amici e l'immancabile **peccato di gola** i motivi che spingono i nostri **"esaminati"** in questo tipo di locale. Peraltro, sono tutti concordi nel consigliarvi di fare un salto in **Via Monte Testaccio**, dove sono concentrati un gran numero di posti ideali per soddisfare la voglia di musica e divertimento.

I NUMERI:

Gli intervistati hanno fatto il nome di una **quarantina** di **locali**. Oltre a quelli di **Testaccio**, sono molto frequentati i locali di **Trastevere**, **Ostiense**, **Prati** e del **Centro Storico**.
Quale genere musicale si ascolta?
Ecco le preferenze:

jazz e blues	30 %
acid jazz	8 %
black	14 %
funky	7 %
salsa e merengue	10 %
italiana	12 %
soul	10 %
reggae	6 %
altro	3 %

Il **30% di jazz e blues** è raggiunto grazie ai maggiori di **35 anni**, i quali segnalano **Prati** e **Trastevere** come quartieri dove ascoltare del buon jazz e del buon blues. **Testaccio** ed **Ostiense** sono invece frequentatissimi da chi ha tra i **25 e i 35 anni** ed è amante dell'**acid jazz**, della **black music** e del **soul**. Chi ha meno di **25 anni**, infine, si dichiara amante della **musica italiana**, ma ascolta anche **house** o **techno** e frequenta locali del **Centro Storico**.

Esercizio 1

Scegliete tra le alternative proposte l'affermazione che corrisponde al testo.

A

1) Gli intervistati sono d'accordo nel consigliarvi di saltare completamente i locali di Via Monte Testaccio.

2) Gli intervistati sono concordi nel considerare noiosi i locali di Via Monte Testaccio.

3) Gli intervistati consigliano i locali di Via Monte Testaccio.

B

1) A Roma ci sono meno di quaranta locali.

2) Gli intervistati hanno parlato di circa quaranta locali.

3) Gli intervistati frequentano solo i locali di Testaccio.

C

1) Chi ha tra i 25 e i 35 anni frequenta poco i locali di Testaccio e Ostiense.

2) I minori di 25 anni ascoltano solo musica italiana.

3) I maggiori di 35 anni ascoltano soprattutto jazz e blues.

DISCOTECHE:

Travolti da un **fiume di musica**, aspettando l'alba, tra **look** straordinari e cacce agli **inviti surreali**. La sorpresa del sondaggio? Le discoteche più **gettonate** sono quelle della zona **Ostiense**.

I loro punti di forza? Proposte originali e di tendenza. Ma in tutta Roma ci sono locali dove vale la pena di andare per fare **quattro salti** e vivere atmosfere **gotiche** o **postindustriali**, serate **etno**, **house** o comunque a tema. Ricordatevi tre cose: ai più **mondani** è consigliato il **giro notturno dei locali**; in alcune **discoteche** ci sono imbarazzanti selezioni per poter entrare; per non essere "**out**", è consigliabile non arrivare prima dell'una.

I NUMERI:

i cento intervistati hanno fatto una cinquantina di nomi tra discoteche e disco bar. **Ostiense** va per la maggiore, seguita dal **Centro Storico**, **Parioli** e **Testaccio**.

Ma con quale musica preferiscono ballare i romani? Ecco le scelte:

House	30 %
Revival anni '70 e '80	25 %
Techno-rock	15 %
Hip hop e acid jazz	10 %
Salsa e merengue	7 %
Black	8 %
Funky	5 %

Il raggiungimento della percentuale più alta (house 30%) è dovuto ai **ragazzi** della **Roma bene**, che frequentano in gran numero le discoteche dei quartieri **Parioli** e **Prati**. A chi ha più di 35 anni fa sempre piacere una serata dedicata ad un **revival** dagli anni '70 e '80. E tra i 25 e i 35 anni, si balla un po' di tutto, con una leggera preferenza per **l'hip hop** e **l'acid jazz** e per i locali di **Ostiense** e di **Testaccio**.

Esercizio 2

Indicate se le affermazioni che seguono sono vere o false.

	V	F
1) Le discoteche più frequentate sono ad Ostiense.	☐	☐
2) Sparsi per la città ci sono locali per andare a ballare.	☐	☐
3) Chi vuole essere "in" va in discoteca prima dell'una.	☐	☐
4) Gli intervistati ballano più black che funky.	☐	☐
5) Salsa e merengue si ballano quanto la techno-rock.	☐	☐
6) Gli intervistati ballano meno techno-rock che house.	☐	☐
7) Nei locali dei quartieri Prati e Parioli si balla house.	☐	☐
8) Chi ha tra i 25 e i 35 anni balla hip hop e acid jazz.	☐	☐
9) I maggiori di 35 anni ballavano solo negli anni '70.	☐	☐

LOCALI DOVE BERE QUALCOSA CON GLI AMICI:

Tanti i luoghi da **nottambuli** con gusti diversi. Alcuni locali con **atmosfere riservate**, dove, oltre a bere, mangiare qualcosa di stuzzicante e fare quattro chiacchiere, è possibile divertirsi con giochi da tavolo o assistendo ad uno spettacolo di **cabaret**. Altri locali, invece, per guardarsi intorno e farsi vedere tra "**vip**", in ambienti "**in**". E poi, **pub irlandesi**, **scozzesi**, **inglesi**, **birrerie tedesche**, locali in stili di tutti i generi e di tutti i paesi. Insomma ogni desiderio viene esaudito o quasi.

I NUMERI:

i nostri "**cento**" hanno parlato di almeno duecento locali e dal risultato del sondaggio non sembra esserci una zona più frequentata delle altre. Nei locali del centro vanno tutti, mentre in quelli di periferia si incontra per lo più gente di quartiere. Ma ai romani cosa piace fare in questo tipo di locale? Ecco le risposte:

bere una birra e chiacchierare con gli amici 50 %
fare nuove conoscenze 15 %
divertirsi con i giochi da tavolo 15 %
assistere ad uno spettacolo di cabaret 10 %
passare il tempo 10 %

Esercizio 3

Quale di queste tre serie corrisponde in ogni sua parte al testo?

1)

- A Roma ci sono locali che ricordano quelli di paesi stranieri.
- Le persone frequentano solo i locali del Centro storico.
- A molti romani piace passare la serata chiacchierando con gli amici.

2)

- I posti dove andare la sera sono tutti uguali.
- A nessuno piace conoscere gente nuova.
- I romani non sembrano mostrare preferenze per un quartiere in particolare.

3)

- A Roma ci sono tanti locali diversi.
- Le persone vanno anche nei locali del loro quartiere.
- Alla maggioranza piace passare la serata stando con gli amici.

A qualsiasi età c'è sempre l'abitudine di bere con gli amici a volte **alzando** un po' **il gomito**. A molti piace essere **brilli**, ma, spesso, alcuni tra i più giovani prendono delle **sbronze colossali**. In generale, però, tutti sembrano conoscere i propri limiti e stanno attenti a non esagerare.

Esercizio 4

Indicate con il segno **x** *se avete bevuto troppo o solo un po'.*

	troppo	solo un po'
1) Avete bevuto come spugne.	☐	☐
2) Siete brilli.	☐	☐
3) Siete ubriachi fradici.	☐	☐
4) Avete preso una sbronza colossale.	☐	☐
5) Siete alticci.	☐	☐

CURIOSITÀ

UNA SERA AL CENTRO... SOCIALE

Villaggio globale, **Podere rosa**, **Brancaleone** sono alcuni dei **centri sociali** di Roma, nati ormai da diversi anni. **L'occupazione**, ad esempio, dell'edificio di **Via Levanna** a Montesacro, dei locali dell'**ex mattatoio** a Testaccio e di una **vecchia caserma** a Forte Prenestino ha dato luogo ad un fenomeno interessante, sicuramente da segnalare. Non tutti considerano legittime le attività dei centri sociali e, certo, non mancano le polemiche. È indubbio però che sono frequentati da tantissime persone ed un loro merito è di aver ridato vita a luoghi **abbandonati** ormai da tempo, organizzando **attività culturali** e **ricreative** senza grandi risorse economiche.

Marcello Mastroianni e Anita Ekberg in "**La Dolce Vita**"
fotografia di Pierluigi Praturlon

GLI ITINERARI DELLO SPETTACOLO:

CINEMA

A Roma ci sono più di **160 sale cinematografiche**, aperte generalmente in orari pomeridiani e serali. Il primo spettacolo inizia

intorno alle ore **16,00** e l'ultimo, quasi in tutti i cinema, alle **22,30**. I film stranieri sono **doppiati** ed è possibile assistere a proiezioni in **lingua originale** solo per iniziativa di alcune sale. Al cinema **Pasquino**, a **Trastevere**, tutti i giorni vengono dati **film in inglese**.
I **cinefili**, che vogliono vedere film rilevanti del passato, possono controllare le programmazioni dei **cinema d'essai** e dei **cine-club**.

CINEMA, CHE PASSIONE!

Siete innamorati di Roma e appassionati di cinema? Bene, allora dovete sapere che **cinema italiano** e **Roma** sono, per così dire, sinonimi.
La capitale è stata il **set** naturale di tanti film **neorealisti** e cornice di molte **commedie all'italiana**. I "**mostri sacri**" del nostro cinema, come i registi **De Sica**, **Fellini**, **Rossellini** e **Pasolini** e gli attori **Fabrizi**, **Gassman**, **Magnani**, **Mastroianni** e **Sordi**, hanno fatto di Roma la protagonista di alcune delle pagine più belle del cinema italiano.

Forse i meno esperti di voi non conoscono i titoli dei film o i nomi più famosi del nostro cinema. A chi ne ha voglia consigliamo di vedere i film che hanno contribuito a far meglio capire e conoscere una città. Potrebbe essere anche un'occasione per un viaggio nel tempo e per scoprire aspetti, **vizi** e **virtù** della capitale nel corso degli ultimi decenni.

Esercizio 1

*Collegate ogni titolo di film che trovate nella colonna **1**, all'anno di produzione, al regista e ai protagonisti, elencati nella colonna **2**.*

Colonna 1

1) La dolce vita
2) Caro diario
3) Ladri di biciclette
4) Un americano a Roma
5) Accattone
6) I soliti ignoti
7) Il sorpasso
8) Roma
9) Roma città aperta
10) Bellissima

Colonna 2

1) 1948; di Vittorio De Sica, con Enzo Staiola e Lamberto Maggiorani
2) 1954; di Steno, con Alberto Sordi
3) 1962; di Dino Risi, con Vittorio Gassman e Jean-Louis Trintignant
4) 1958; di Mario Monicelli, con Vittorio Gassman e Marcello Mastroianni
5) 1945; di Roberto Rossellini, con Anna Magnani e Aldo Fabrizi
6) 1960; di Federico Fellini, con Anita Ekberg e Marcello Mastroianni
7) 1993; di Nanni Moretti, con Nanni Moretti
8) 1972; di Federico Fellini, con Anna Magnani, Marcello Mastroianni e Alberto Sordi
9) 1961; di Pier Paolo Pasolini, con Franco Citti
10) 1951; di Luchino Visconti, con Anna Magnani

Esercizio 2

*Di quale film si tratta? Collegate ognuna delle scene o notizie della colonna **3**, con il corrispondente film della colonna **1**.*

Colonna 3

1) Bellissima sequenza girata al mercato di Piazza Vittorio.
2) Il protagonista minaccia di buttarsi dal Colosseo.
3) I protagonisti partono da una Roma deserta, il giorno di Ferragosto.
4) Il protagonista percorre Roma in vespa.
5) Celebre sequenza girata a Trastevere, a Ponte Garibaldi e alla Sinagoga.
6) Tentano di svaligiare la cassaforte del Monte di Pietà.
7) Gli eroi del film vivono in periferia.
8) Le protagoniste vivono in un caseggiato al Prenestino.
9) Gli attori sono stati presi dalle strade romane.
10) I protagonisti fanno il bagno nella Fontana di Trevi.

CURIOSITÀ

CINECITTÀ

Nel **1937** nascono gli **stabilimenti cinematografici di Cinecittà**, definiti la **Hollywood sul Tevere**. Da quell'anno negli studi di **Via Tuscolana** hanno lavorato registi e "**divi**" di tutti i paesi e sono stati girati più di **1500 film**, dagli spettacolari **kolossal storici** e in costume ai **western** di **Sergio Leone**.

CIAK, SI GIRA!

Girate il vostro documentario e intitolatelo "**La mia Roma**", scegliete le piazze, le strade o i quartieri che più vi piacciono e descrivete le varie scene che decidete di riprendere utilizzando alcuni termini tecnici come:
Panoramica = La vostra telecamera ruota verso destra, verso sinistra verso l'alto o verso il basso, secondo come volete girare una sequenza.
Campo lungo = Prevalenza del paesaggio, ma si distinguono le figure umane.
Campo medio = L'attenzione è su un soggetto che volete riprendere e in parte sull'ambiente circostante.
Primo piano = Si vede solo il viso o al massimo le spalle del soggetto ripreso.
Piano americano = Predomina la figura umana, ripresa dal ginocchio in su.
Dettaglio e particolare = Sono inquadrate solo una parte di una cosa o di un essere vivente.

Ecco un esempio:
Siamo al **Ghetto**, una delle zone più belle di Roma e decidiamo di cominciare le nostre riprese con una panoramica su **Piazza Mattei**.
Inquadriamo la fontana delle **Tartarughe**, un'opera del **1584** di **Giacomo Della Porta**, e cominciamo un nostro piccolo safari, soffermandoci sui dettagli della fontana e riprendendo un delfino e poi una tartaruga. Ed ecco che all'angolo tra la piazza e **Via dei Funari** due gatti si contendono un po' di pasta lasciata per loro da una gentile signora che si allontana percorrendo **Via dei Falegnami**. La riprendiamo di spalle, in campo lungo, per dare così un'ultima immagine suggestiva di questa parte di Roma assolutamente da non perdere.

Esercizio 3

E ora tocca a voi:

....

....

....

....

....

....

Marcello Mastroianni
in "**La Dolce Vita**"
fotografia di
Pierluigi Praturlon

TEATRO

I **teatri più grandi** di Roma hanno una programmazione maggiormente dedicata ai **classici**, mentre il teatro contemporaneo viene ospitato normalmente in locali più piccoli. A parte qualche raro caso le rappresentazioni sono in **lingua italiana**.

SU IL SIPARIO DEL TEATRO ARGENTINA

Il **Teatro Argentina** si trova in **Largo Argentina**. Costruito nel **1732**, è stato a lungo luogo di rappresentazione di prestigiose **opere liriche** e sede di importanti **concerti**. L'ultimo dei tanti restauri, che hanno anche cambiato la sua struttura originaria in legno, è stato effettuato nel **1993**. All'interno del teatro c'è un piccolo **museo**, dove sono conservati documenti e ricordi dei momenti più importanti della storia dell'Argentina.

SU IL SIPARIO DEL TEATRO VALLE

A **Via del Teatro Valle** c'è una delle più belle sale della città, quella del **Teatro Valle**. Costruito in legno, è stato restaurato diverse volte. Il Valle è stato inaugurato nel **1727** e durante le stagioni teatrali ha sempre ospitato eventi importanti.

Esercizio 1

Un vostro amico è andato a teatro e vi racconta le sue impressioni. Le frasi che seguono si riferiscono a giudizi positivi o negativi?

		P	N
1)	L'entrata della protagonista è stata accompagnata da un applauso scrosciante.	☐	☐
2)	Lo spettacolo è stato un fiasco.	☐	☐
3)	Al termine del primo atto c'è stata una lunga ovazione.	☐	☐
4)	Gli attori sono usciti tra i fischi.	☐	☐
5)	Il pubblico era furioso.	☐	☐
6)	Lo spettacolo è stato un trionfo.	☐	☐
7)	Il pubblico era in delirio.	☐	☐
8)	Era una compagnia di attorucoli.	☐	☐
9)	Il teatro era pieno zeppo e lo spettacolo lo meritava.	☐	☐
10)	La critica è concorde nel considerare la commedia esilarante.	☐	☐

ALTRI TEATRI

I teatri di Roma sono tanti e propongono spettacoli di ogni genere. Se vi piacciono i "**musical**" e gli spettacoli leggeri andate al **Sistina**, mentre se volete divertirvi con uno **spettacolo comico** il vostro teatro è il **Vittoria**. Se invece preferite le **avanguardie** e il **teatro contemporaneo** informatevi sui programmi della sala del **Palazzo delle Esposizioni**, del **Teatro dell'Orologio** o del **Teatro Vascello**. E, infine, a chi piace risolvere difficili **casi polizieschi**, segnaliamo il **Teatro Stabile del Giallo**.

Esercizio 2

E ora tocca a voi. Immaginate di telefonare ad un teatro per prenotare dei posti per lo spettacolo della sera stessa. Potete fare riferimento alle informazioni che seguono.
La platea corrisponde al pianterreno della sala. In alcuni teatri i posti delle file più vicine al palcoscenico vengono chiamati poltronissime e gli altri poltrone. Il settore superiore è chiamato in genere galleria, ma i teatri più importanti hanno invece palchi e balconate su diversi piani. L'ultimo piano è chiamato loggione, ma è noto al pubblico come "piccionaia", perché è talmente alto che solo i piccioni ci possono arrivare.

Esercizio 3

E ora tocca a voi "2"….. **"Essere o non essere"**
Recitate questa poesia di Trilussa (un po' cambiata), provando a interpretarla con toni differenti:

Il giorno che la Lupa allattò Romolo
Non pensò né agli onori né alla gloria:
sapeva già che, uscita dalla Favola,
l'avrebbero ingabbiata nella storia.

CURIOSITÀ

LA NASCITA DI ROMA

Secondo la **leggenda**, i due gemelli **Romolo** e **Remo**, figli del **dio Marte** e della **vestale Rea Silvia**, furono abbandonati dentro una cesta sulle **rive del Tevere**, per sfuggire alla crudeltà del re di **Alba Longa**, **Amulio**. La vita dei due neonati fu salvata da una lupa che allattò **Romolo** e **Remo** finché un pastore li trovò e li adottò. Cresciuti, i due fratelli si vendicarono di **Amulio** e decisero di fondare una nuova città, proprio dove erano stati allevati, sul **colle Palatino**. Tra i due fratelli nacque una rivalità per chi doveva regnare e in una violenta lite **Remo** rimase ucciso. **Romolo** si dichiarò re della nuova città e la chiamò **Roma**. Era il **21 aprile** del **753 a.C.**.

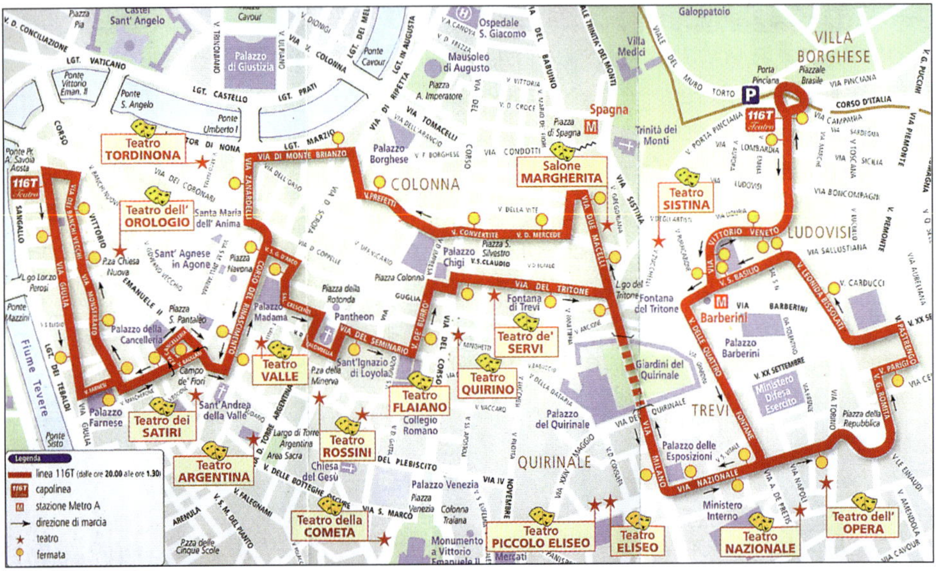

Teatro Argentina	L.go Torre Argentina	0668804601
Teatro della Cometa	Via del Teatro Marcello	066784380
Teatro Eliseo	Via Nazionale	064882114
Teatro Flaiano	Via S. Stefano del Cacco	066796496
Salone Margherita	Via Due Macelli	066798269
Teatro Nazionale	Via del Viminale	064741102
Teatro dell'Opera	Via Firenze	064817003
Teatro dell'Orologio	Via de' Filippini	0668308735
Teatro Piccolo Eliseo	Via Nazionale	064885095
Teatro Quirino	Via Minghetti	066794585
Teatro Rossini	P.zza di S. Chiara	0668802770
Teatro dei Satiri	Via di Grottapinta	066871639
Teatro de' Servi	Via del Mortaro	066795130
Teatro Sistina	Via Sistina	064200711
Teatro Tordinona	Via dell'Acquasparta	0668805890
Teatro Valle	Via del Teatro Valle	0668803794

MUSICA LIRICA

Gli appassionati della **lirica** devono consultare il programma del **Teatro dell'Opera** e prenotare in anticipo se non vogliono rimanere a **Piazza Beniamino Gigli** senza biglietto d'entrata. Ricordate anche che studenti e persone al di sopra dei sessanta anni hanno forti sconti sul costo del biglietto. Inoltre, non dimenticate di visitare **Castel Sant'Angelo**, dove **Tosca**, la protagonista dell'opera di **Giacomo Puccini**, si lanciò nel vuoto andando incontro alla morte.

Esercizio 1

*Chi le ha scritte? Ad ogni autore della colonna **B** appartengono due opere in elenco nella colonna **A**. Trovate quali.*

A		B		
1)	La Bohème	**a)**	Giuseppe Verdi	☐ ☐
2)	L'elisir d'amore	**b)**	Giacomo Puccini	☐ ☐
3)	Rigoletto	**c)**	Gioacchino Rossini	☐ ☐
4)	Cavalleria rusticana	**d)**	Gaetano Donizetti	☐ ☐
5)	Lucia di Lammermoor	**e)**	Pietro Mascagni	☐ ☐
6)	Il barbiere di Siviglia			
7)	La Traviata			
8)	Turandot			
9)	Guglielmo Tell			
10)	Le Maschere			

MUSICA, MAESTRO!

Le divine note a Roma aspettano la loro nuova casa al **Villaggio Olimpico**. Nell'attesa gli amanti della classica possono frequentare storiche istituzioni come **l'Accademia di Santa Cecilia** a **Via della Conciliazione**, **l'Accademia Filarmonica Romana**, presso il **Teatro Olimpico** a **Piazza Gentile da Fabriano** e **l'Istituzione Universitaria dei Concerti (I.U.C.)** a **Piazzale Aldo Moro**. Qui i concerti si tengono nell'**Aula Magna** dell'Università **"La Sapienza"** e gli studenti hanno forti sconti.

Esercizio 2

Indicate per ogni frase con la parola musica il corretto significato letterale. Scegliete tra le due alternative proposte.

1) Da oggi si cambia musica.

- ☐ Da oggi si cambia radicalmente.
- ☐ Da oggi si cambia partito politico.

2) Come al solito cambiano i suonatori, ma la musica è sempre la stessa.

- ☐ Come al solito cambia anche la sostanza.
- ☐ Come al solito cambia solo l'apparenza.

3) D'ora in poi sarà tutta un'altra musica.

- ☐ D'ora in poi sarà tutto come una volta.
- ☐ D'ora in poi sarà tutto diverso.

4) Con voi è sempre la stessa musica.

- ☐ Con voi si va sempre a ballare.
- ☐ Con voi tutto rimane sempre uguale.

ESAME DI LINGUA ITALIANA

Valutate il vostro ***grado di romanità****, affrontando la prova chiamata* ***"Romani de Roma"****. L'esame è diviso in tre parti; per ognuna di queste dovete immaginare di andare in un* ***mercato di Roma*** *e svolgere gli esercizi richiesti. Controllate nelle chiavi se le vostre risposte sono corrette e fate il calcolo dei punti ottenuti. Infine guardate a quale giudizio corrisponde il vostro punteggio (solo gli esercizi 1 e 2 di ognuna delle tre prove fanno parte dell'esame, gli esercizi 3 e 4 sono attività extra).*

Per svolgere la prima prova, immaginate di andare al ***mercato di Campo de' Fiori*** *o a quello di* ***Piazza Vittorio*** *(avete 15 minuti di tempo per terminare gli esercizi).*

IL MERCATO DI CAMPO DE' FIORI

A **Piazza Campo de' Fiori** c'è il mercato più **antico e pittoresco** di Roma. Qui potete trovare frutta, verdura, pesce fresco e ovviamente fiori. Non mancano le bancarelle con i jeans e quelle con i prodotti per la casa. Da non perdere il cappuccino della latteria a **Vicolo del Gallo**.

IL MERCATO DI PIAZZA VITTORIO

Nei banchi di questo mercato, famoso per il **pesce**, si trova di tutto. È molto economico e vale la pena di visitarlo perché è il punto d'incontro di tanta gente diversa. Molti banchi vendono gli ingredienti per piatti stranieri ed è forse per questo motivo che tante delle comunità presenti a Roma hanno fatto del mercato di **Piazza Vittorio** un punto di riferimento per i loro acquisti.

Esercizio 1

"Cosa vuol dire?"

Scegliete tra le due alternative (ogni risposta corretta vale 1 punto).

Cosa vuol dire **"comprare a buon mercato"?**

A) Mercati dove si comprano cose buone e genuine. ☐

B) Comprare ad un prezzo molto conveniente. ☐

Cosa vuol dire **"non badare a spese"?**

A) Fare la spesa per una settimana. ☐

B) Spendere senza moderazione. ☐

Cosa vuol dire **"vendere a peso d'oro"?**

A) Vendere qualcosa ad altissimo prezzo. ☐

B) Pesare la merce con una bilancia truccata. ☐

Esercizio 2

"Come si chiama?"

Immaginate di fare la spesa e di comprare da un fruttivendolo 5 varietà di frutta.(solo le risposte complete e corrette valgono 1 punto).

Esercizio 3

Gioco di ruolo.

Siete al mercato, fingete di fermarvi a chiacchierare con una persona che non conoscete su un argomento a scelta (va bene tutto, dal gatto della vicina alla crisi di governo).

Esercizio 4

Scrivete gli ingredienti per fare i bucatini alla amatriciana.

Per svolgere la seconda prova, immaginate di andare al mercato di Porta Portese o a quello di Via Sannio (avete 15 minuti di tempo per terminare gli esercizi):

IL MERCATO DI PORTA PORTESE

Di domenica a Porta Portese: **"chi cerca trova!"**. Al mercato più grande, più famoso e più frequentato di Roma se vi serve qualcosa di particolare lo trovate. Potete girare tra le bancarelle e le botteghe di merce nuova ed usata, curiosando tra **stampe antiche**, **orologi**, **macchine fotografiche**, **dischi**, **cassette** e **cd**. E poi l'abito della nonna, le magliette della Roma e della Lazio, gli **autoricambi**, **l'antiquariato** e **l'artigianato** di ogni parte del mondo. Ma attenzione, non acquistate un oggetto d'antiquariato che d'antiquariato non è!

IL MERCATO DI VIA SANNIO

Nei giorni feriali, invece, vicino **Piazza San Giovanni** c'è il mercato di **Via Sannio**, dove ci sono tante bancarelle di abbigliamento nuovo ed usato. Ottimo per le **scarpe**, per gli **articoli da campeggio**, per gli abiti da lavoro e per le vecchie **divise militari**.

Esercizio 1

"Cosa vuol dire?"

Scegliete tra le due alternative (ogni risposta corretta vale 1 punto).

Cosa vuol dire a Roma "**prendere una sola**" o "**dare una sola**"?

A) Imbrogliare o essere imbrogliati. ☐

B) Comprare o vendere un solo oggetto. ☐

Cosa vuol dire "**fare un affare**"?

A) Andare al mercato e non comprare niente. ☐

B) Comprare ad un prezzo molto conveniente. ☐

Cosa vuol dire "**cianfrusaglia**"?

A) Tanti oggetti tenuti insieme, di ogni genere e di nessun valore. ☐

B) Tipo di pasta preparata con la farina integrale. ☐

Esercizio 2

"Come si chiama?"

Siete davanti ad un bancone di abbigliamento, sapete dire il nome di 5 indumenti? (solo le risposte complete e corrette valgono 1 punto)

Esercizio 3

Gioco di ruolo.

Siete a Porta Portese, prima di comprare una cosa qualsiasi, tirate sul prezzo, vale a dire contrattate, contrattate e contrattate.

Esercizio 4

Scrivete su un foglio gli indumenti necessari per andare ad una festa vestiti nella maniera più originale possibile.

Per svolgere la terza prova immaginate di andare al mercato dei fiori (avete 15 minuti di tempo per terminare gli esercizi):

IL MERCATO DEI FIORI

Il mercato dei fiori è al chiuso e si trova in **Via Trionfale** ed è aperto al pubblico solo il martedì mattina. Vale la pena di visitarlo perché potrete girare tra banchi di fiori e di piante, tra mille colori e profumi da far girare la testa.

Esercizio 1

"Cosa vuol dire?"

Scegliete tra le due alternative (ogni risposta corretta vale 1 punto).

Cosa vuol dire "**non è tutto rose e fiori**"?

A) Negozio che vende attrezzi per il giardinaggio. ☐

B) Le cose non sono facili come potrebbero sembrare. ☐

Cosa vuol dire "**essere un fiore nel deserto**"?

A) Essere una persona con molte qualità, fuori dal comune. ☐

B) Coltivare esclusivamente piante grasse. ☐

Cosa vuol dire "**essere il fiore all'occhiello**"?

A) Essere la persona meno importante di un gruppo. ☐

B) Costituire motivo d'orgoglio e di vanto. ☐

Esercizio 2

"Come si chiama?"

Siete da un fioraio, sapete dire il nome di 5 varietà di fiori? (solo le risposte complete e corrette valgono 1 punto).

Esercizio 3

Gioco di ruolo.

Siete al mercato dei fiori, cercate di convincere il fioraio a consegnare i vostri acquisti all'indirizzo del vostro paese, in giornata e gratuitamente.

Esercizio 4

Scrivete un biglietto da mandare ad una persona insieme ad un mazzo di fiori.

PUNTEGGIO

Punteggio da 1 a 4: "turisti per caso"

Si consiglia a chi vive all'estero una partenza immediata per Roma e a chi è già nella città dei sette colli di lasciarsi andare e di essere protagonisti della vita cittadina. Tra un breve periodo sarete pronti per affrontare con successo qualsiasi conversazione in italiano.

Punteggio da 5 a 8: "antichi romani"

Il vostro italiano è già di un buon livello, ma vi consigliamo una passeggiata tra il Colosseo e il Foro Romano per riflettere sul rapporto con la vita di chi ogni mattina, abitando a Roma, si sveglia e si trova davanti a tanti simboli della storia e dell'eternità.

Punteggio da 9 a 12: "romani de Roma"

Un appartamento a Testaccio è quello che fa per voi, parlate un ottimo italiano e vi muovete con disinvoltura in tutte le situazioni del quotidiano. Probabilmente avete capito tanti paradossi della città e molte cose non vi sembrano più strane, anzi, vi sembrano del tutto naturali.

CURIOSITÀ

I GRANDI MAGAZZINI

Non vi meravigliate se a Roma sentite le frasi "**vado alla Rinascente**" o "**l'ho comprato alla Standa**". Si parla dei grandi magazzini della città, non molto numerosi al centro, ma più presenti in periferia. I più famosi sono **La Rinascente** e **Coin**, che offrono prodotti di buona qualità a prezzi interessanti, **l'Upim** e **la Standa** che hanno prodotti di qualità media a prezzi contenuti.

ROMANESCO

La preposizione italiana "**di**" in romanesco diventa "**de**" (romani di Roma > romani de Roma). Anche le preposizioni "**per**" e "**con**" cambiano: per > pe'; con > co' (Con tanti saluti > Co' tanti saluti   Per oggi ho finito > Pe' oggi ho finito).

LE CHIAVI

Il clima

esercizio 1:

1) poco – 2) molto – 3) molto – 4) poco – 5) molto

esercizio 2:

1) mancata – 2) inutilmente – 3) a tutti

esercizio 3:

1) no – 2) sì – 3) no – 4) no – 5) sì

esercizio 4:

1) caldo – 2) freddo – 3) freddo – 4) caldo – 5) caldo

esercizio 5:

1=2 – 2=4 – 3=1 – 4=5 – 5=3

Come arrivare

IN AEREO

esercizio:

1) entrare in aeroporto
2) fare il check in e lasciare il bagaglio
3) passare al controllo passaporti (partenze)
4) imbarcarsi
5) mettere le cinture di sicurezza
6) l'aereo decolla
7) l'aereo atterra
8) passare al controllo passaporti (arrivi)
9) ritirare il bagaglio
10) uscire dall'aeroporto

IN TRENO

esercizio:

1) rotaie su cui corrono i treni
2) vagone
3) letto di treno o nave
4) ambiente dove ci sono poltrone o cuccette
5) treno molto veloce

IN AUTO

esercizio:

esodo = partenza di molte persone
ponte = periodo di vacanza di uno o più giorni feriali fra due festività
25 aprile = festa della liberazione
coda/fila = serie di persone o cose messe una dietro l'altra
tamponamento a catena =incidente stradale, scontro fra più auto

Trasporti pubblici

esercizio 1:

1) in metro – in treno – in autobus
2) nelle stazioni della metro – ai capolinea degli autobus – dai tabaccai – nei bar – nelle edicole dove c'è la scritta metrebus
3) mensile – annuale

esercizio 2:

dalle – alle – degli – dalle – a – ai – dalle – alle – da – alle

Itinerario "due cuori e una capanna"

esercizio:

giro – vie – vino – locale

Itinerario "cuori, gambe e bugie"

esercizio:

1) in salita – 2) ci sono curve – 3) a destra – 4) andate dritto

Itinerari "bicicletta e pennichella"

esercizio 1:

al – a – in – per

esercizio 2:

al – in – con – alla – sul – da – del

Dove mangiare

AL BAR

esercizio 1:

macchiato caldo = con un po' di latte caldo
ristretto = preparato con poca acqua
corretto = con liquore
decaffeinato = senza caffeina
macchiato freddo = con un po' di latte freddo
lungo = preparato con molta acqua
al vetro = nel bicchiere

esercizio 2:

rustico

PIZZERIE

esercizio 1:

oasi = isole felici
tradizionale = classica
sollazzo = piacere
amanti = cultori
perdizione = vizio
deliziate = soddisfatte
ricche di immaginazione = fantasiose
eterna = intramontabile

esercizio 2:

1) sgradevole – 2) scortese – 3) infelice – 4) spiacevole – 5) sgarbato – 6) disgustoso – 7) inospitale – 8) disattento – 9) dispiacere – 10) insoddisfatto

Dopo cena

esercizio 1:

A) 3 B) 2 C) 3

esercizio 2:

1) vero – 2) vero – 3) falso – 4) vero – 5) falso – 6) vero – 7) vero – 8) vero – 9) falso

esercizio 3:

3

esercizio 4:

1) troppo – 2) solo un po' – 3) troppo – 4) troppo – 5) solo un po'

Gli itinerari dello spettacolo

CINEMA

esercizio 1:

1=6 – 2=7 – 3=1 – 4=2 – 5=9 – 6=4 – 7=3 – 8=8 – 9=5 – 10=10

esercizio 2:

1=3 – 2=4 – 3=7 – 4=2 – 5=8 – 6=6 – 7=5 – 8=10 – 9=9 – 10=1

TEATRO

esercizio 1:

1) p – 2) n – 3) p – 4) n – 5) n – 6) p – 7) p – 8) n – 9) p – 10) p

MUSICA LIRICA

esercizio:

G. Verdi: 3 – 7
G. Puccini: 1 – 8
G. Rossini: 6 – 9
G. Donizetti: 2 – 5
P. Mascagni: 4 – 10

MUSICA MAESTRO

esercizio:

1) da oggi si cambia radicalmente
2) come al solito cambia solo l'apparenza
3) d'ora in poi sarà tutto diverso
4) con voi tutto rimane sempre uguale

Esame di lingua italiana
(I MERCATI)

I prova

esercizio 1:

1) comprare ad un prezzo molto conveniente
2) spendere senza moderazione
3) vendere qualcosa ad altissimo prezzo

esercizio 2:

ad esempio, 1) albicocca – 2) banana – 3) ciliegia – 4) mela – 5) melone – 6) nespola – 7) pesca – 8) pera – 9) susina – 10) uva

esercizio 4:

guanciale, olio d'oliva, cipolla, peperoncino, pomodoro, pecorino

II prova

esercizio 1:

1) imbrogliare o essere imbrogliati
2) comprare ad un prezzo molto conveniente
3) tanti oggetti tenuti insieme, di ogni genere e di nessun valore

esercizio 2:

ad esempio, 1) camicia – 2) canottiera – 3) cappotto – 4) cravatta – 5) giacca – 6) gonna – 7) maglione – 8) maglietta – 9) pantaloni – 10) scarpe

III prova

esercizio 1:

1) le cose non sono facili come potrebbero sembrare
2) essere una persona con molte qualità, fuori dal comune
3) costituire motivo d'orgoglio e di vanto

esercizio 2:

ad esempio, 1) azalea – 2) begonia – 3) calendula – 4) ciclamino – 5) garofano – 6) geranio – 7) iris – 8) margherita – 9) rosa – 10) tulipano

ALBERGHI

Hotel Reservation tel. 066991000.
Servizio di prenotazioni alberghiere gratuito, offerto da oltre duecento alberghi di tutte le categorie.

BIBLIOTECHE

I topi di biblioteca possono andare dalle biblioteche comunali a quelle delle varie Accademie straniere. I fortunati con richiesta speciale scritta ad esempio da un professore universitario possono accedere alla Biblioteca Vaticana.

Biblioteca Nazionale Centrale:
Via Castro Pretorio, 105
Biblioteca Alessandrina:
P.le Aldo Moro, 5
Biblioteca di Storia Moderna e Contemporanea:
Via Caetani, 32
Biblioteca Vallicelliana:
P.zza della Chiesa Nuova, 18
Biblioteca Angelica:
P.zza Sant'Agostino, 8
Biblioteca Casanatense:
Via di Sant'Ignazio, 52

LIBRERIE

Librerie Feltrinelli:
Via del Babuino, 41 Via V.E. Orlando, 78/81
L.go di Torre Argentina 5/6.
Anglo American Book: pubblicazioni in lingua inglese di cultura varia. Via della Vite, 102.
KEM Economy Book Center: testi e videocassette in lingua inglese. Via Torino, 136.

Herder: Libreria e casa editrice tedesca. Abbastanza fornito il settore dedicato ai libri scritti in francese, inglese e spagnolo e nelle lingue di alcuni paesi asiatici e africani. P.zza Montecitorio, 120.
La Librairie Française de Rome: In questa libreria vengono organizzate anche delle mostre. Piazza San Luigi dei Francesi, 23.
Manantial Libreria Sorgente: libreria spagnola. P.zza Navona, 90.

NOLEGGIO AUTO

Avis Aeroporto Ciampino, tel. 0679340195
Avis Stazione Termini,
tel. 0647011219 064814373
Hertz Termini: tel. 064740389
Hertz Fiumicino: tel. 0665011448
Maggiore: tel. 0665010678

NOLEGGIO BICI E MOTO

Bici e baci: Via del Viminale, 5.
Due ruote Europcar: parcheggio di Villa Borghese.
St. Peter Moto: Via di Porta Castello, 43.

SPORT

Chi vuole praticare qualche attività sportiva spendendo poco può rivolgersi agli uffici sport delle varie circoscrizioni. Agli amanti della ginnastica nei parchi ricordiamo che nelle ville di Roma ci sono dei percorsi attrezzati e la domenica, solo nei mesi più caldi, si svolgono delle lezioni gratuite.

TURISMO

Tourist information: informazioni su trasporti, mostre, alberghi, musei ed altro. L.go Goldoni, L.go C. Ricci, Via Nazionale (vicino al Palazzo delle Esposizioni).

TELEFONI UTILI

Aeroporto Fiumicino, tel. 0665953640
Aeroporto Ciampino, tel. 06794921
Polizia Pronto intervento, tel. 113
Carabinieri Pronto Intervento, tel. 112
Vigili del Fuoco, tel. 115
Soccorso Stradale Automobil Club (ACI), tel. 116
Emergenza medica, tel. 118
Autoambulanze Croce Rossa Italiana, tel. 5544
Oggetti smarriti, tel. 0647306682

ANNOTAZIONI

....

....

....

....

....

....

....

....

L'italiano per stranieri

Amato
Mondo italiano
testi autentici sulla realtà sociale e culturale italiana
- libro dello studente
- quaderno degli esercizi

Ambroso e Di Giovanni
L'ABC dei piccoli

Ambroso e Stefancich
Parole
10 percorsi nel lessico italiano - esercizi guidati

Avitabile
Italian for the English-speaking

Balboni
GrammaGiochi
per giocare con la grammatica

Ballarin e Begotti
Destinazione Italia
l'italiano per operatori turistici
- manuale di lavoro
- 1 audiocassetta

Barki e Diadori
Pro e contro
conversare e argomentare in italiano
- 1 liv. intermedio - libro dello studente
- 2 liv. intermedio-avanzato - libro dello studente
- guida per l'insegnante

Barreca, Cogliandro e Murgia
Palestra italiana 1
esercizi di grammatica
livello elementare - pre-intermedio

Battaglia
Grammatica italiana per stranieri

Battaglia
Gramática italiana para estudiantes de habla española

Battaglia
Leggiamo e conversiamo
letture italiane con esercizi per la conversazione

Battaglia e Varsi
Parole e immagini
corso elementare di lingua italiana per principianti

Bettoni e Vicentini
Passeggiate italiane
lezioni di italiano - livello avanzato

Blok-Boas, Materassi e Vedder
Letture in corso 1
corso di lettura
livello principianti - intermedio

Buttaroni
Letteratura al naturale
autori italiani contemporanei
con attività di analisi linguistica

Camalich e Temperini
Un mare di parole
letture ed esercizi di lessico italiano

Carresi, Chiarenza e Frollano
L'italiano all'Opera
attività linguistiche attraverso 15 arie famose

Cherubini
L'italiano per gli affari
corso comunicativo di lingua e cultura aziendale
- manuale di lavoro
- 1 audiocassetta

Chiappini e De Filippo
Un giorno in Italia 1
corso di italiano per stranieri - primo livello
- libro dello studente + cd audio
- guida per l'insegnante + test di verifica
- glossario in quattro lingue + chiavi

Cini
Strategie di scrittura
quaderno di scrittura - livello intermedio

Deon, Francini e Talamo
Amor di Roma
Roma nella letteratura italiana del Novecento
testi con attività di comprensione
livello intermedio-avanzato

Diadori
Senza parole
100 gesti degli italiani

du Bessé
PercORSO GUIDAto guida di **Roma**
con attività ed esercizi di italiano

du Bessé
PercORSO GUIDAto guida di **Firenze**
con attività ed esercizi di italiano

du Bessé
PercORSO GUIDAto guida di **Venezia**
con attività ed esercizi di italiano

Gruppo META
Uno
corso comunicativo di italiano - primo livello
- libro dello studente
- libro degli esercizi e grammatica
- guida per l'insegnante
- 3 audiocassette

Gruppo META
Due
corso comunicativo di italiano - secondo livello
- libro dello studente
- libro degli esercizi e grammatica
- guida per l'insegnante
- 4 audiocassette

Gruppo NAVILE
Dire, fare, capire
l'italiano come seconda lingua
- libro dello studente
- guida per l'insegnante
- 1 audiocassetta

Humphris, Luzi Catizone, Urbani
Comunicare meglio
corso di italiano - livello intermedio-avanzato
- manuale per l'allievo
- manuale per l'insegnante
- 4 audiocassette

Istruzioni per l'uso dell'italiano in classe 1
88 suggerimenti didattici per attività comunicative

Istruzioni per l'uso dell'italiano in classe 2
111 suggerimenti didattici per attività comunicative

Istruzioni per l'uso dell'italiano in classe 3
22 giochi da tavolo

Jones e Marmini
Comunicando s'impara
esperienze comunicative
- libro dello studente
- libro dell'insegnante

Maffei e Spagnesi
Ascoltami!
22 situazioni comunicative
- manuale di lavoro
- 2 audiocassette

Marmini e Vicentini
Passeggiate italiane
lezioni di italiano - livello intermedio

Marmini e Vicentini
Ascoltare dal vivo
manuale di ascolto - livello intermedio
- quaderno dello studente
- libro dell'insegnante
- 3 audiocassette

Paganini
ìssimo
quaderno di scrittura - livello avanzato

Pontesilli
Verbi italiani
modelli di coniugazione

Quaderno IT - n. 4
esame per la certificazione - dell'italiano come L2
livello avanzato - prove del 2000 e del 2001
- volume+audiocassetta

Radicchi
Corso di lingua italiana
livello elementare
- manuale di lavoro
- 1 audiocassetta

Radicchi
Corso di lingua italiana
livello intermedio

Radicchi
In Italia
modi di dire ed espressioni idiomatiche

Spagnesi
Dizionario dell'economia e della finanza

Stefancich
Cose d'Italia
tra lingua e cultura

Stefancich
Tracce di animali
nella lingua italiana tra lingua e cultura

Svolacchia e Kaunzner
Suoni, accento e intonazione
corso di ascolto e pronuncia
- manuale
- set di 5 audio CD

Tettamanti e Talini
Foto parlanti
immagini, lingua e cultura
livello intermedio

Totaro e Zanardi
Quintetto italiano
approccio tematico multimediale - livello avanzato
- libro dello studente con esercizi
- libro per l'insegnante
- 2 audiocassette
- 1 videocassetta

Ulisse
Faccia a faccia
attività comunicative - livello elementare-intermedio

Urbani
Senta, scusi...
programma di comprensione auditiva
con spunti di produzione libera orale
- manuale di lavoro
- 1 audiocassetta

Urbani
Le forme del verbo italiano

Verri Menzel
La bottega dell'italiano
antologia di scrittori italiani del Novecento

Vicentini e Zanardi
Tanto per parlare
materiale per la conversazione
livello medio-avanzato
- libro dello studente
- libro dell'insegnante

Linguaggi settoriali

Dica 33
il linguaggio della medicina
- libro dello studente
- guida per l'insegnante
- 1 audiocassetta

L'arte del costruire
- libro dello studente
- guida per l'insegnante

Una lingua in pretura
il linguaggio del diritto
- libro dello studente
- guida per l'insegnante
- 1 audiocassetta

Pubblicazioni di glottodidattica

La formazione di base del docente di italiano per stranieri a cura di Dolci e Celetin
L'italiano nel mondo a cura di Balboni e Santipolo

I libri dell'Arco

1. Balboni • ***Didattica dell'italiano a stranieri***
2. Diadori • ***L'italiano televisivo***
3. Micheli • ***Test d'ingresso di italiano per stranieri***
4. Benucci • ***La grammatica nell'insegnamento dell'italiano a stranieri***
5. AA.VV. • ***Curricolo d'italiano per stranieri***
6. Coveri e altri • ***Le varietà dell'italiano***

Classici italiani per stranieri
testi con parafrasi a fronte* e note

1. Leopardi • *Poesie**
2. Boccaccio • *Cinque novelle**
3. Machiavelli • *Il principe**
4. Foscolo • *Sepolcri e sonetti**
5. Pirandello • *Così è (se vi pare)*
6. D'Annunzio • *Poesie**
7. D'Annunzio • *Novelle*
8. Verga • *Novelle*
9. Pascoli • *Poesie**
10. Manzoni • *Inni, odi e cori**
11. Petrarca • *Poesie**
12. Dante • *Inferno**
13. Dante • *Purgatorio**
14. Dante • *Paradiso**
15. Goldoni • *La locandiera*
16. Svevo • *Una burla riuscita*

Libretti d'Opera per stranieri
testi con parafrasi a fronte* e note

1. *La Traviata**
2. *Cavalleria rusticana**
3. *Rigoletto**
4. *La Bohème**
5. *Il barbiere di Siviglia**
6. *Tosca**
7. *Le nozze di Figaro*
8. *Don Giovanni*
9. *Così fan tutte*
10. *Otello**

Letture italiane per stranieri

1. Marretta • *Pronto, commissario...? 1*
   16 racconti gialli con soluzione
   ed esercizi per la comprensione del testo
2. Marretta • *Pronto, commissario...? 2*
   16 racconti gialli con soluzione
   ed esercizi per la comprensione del testo
3. Marretta • *Elementare, commissario!*
   8 racconti gialli con soluzione
   ed esercizi per la comprensione del testo

Mosaico italiano
racconti italiani su 4 livelli

1. Santoni • *La straniera* - liv. 2
2. Nabboli • *Una spiaggia rischiosa* - liv. 1
3. Nencini • *Giallo a Cortina* - liv. 2
4. Nencini • *Il mistero del quadro di Porta Portese* - liv. 3
5. Santoni • *Primavera a Roma* - liv. 1
6. Castellazzo • *Premio letterario* - liv. 4
7. Andres • *Due estati a Siena* - liv. 3
8. Nabboli • *Due storie* - liv. 1
9. Santoni • *Ferie pericolose* - liv. 3
10. Andres • *Margherita e gli altri* - liv. 2 e 3
11. Medaglia • *Il mondo di Giulietta* - liv. 2
12. Caburlotto • *Hacker per caso* - liv. 4

Bonacci editore

Finito d stampare nel mese di giugno 2003 dalla Tibergraph s.r.l. - Città di Castello (PG)